BEI GRIN MACHT SICH IHR WISSEN BEZAHLT

AF135852

- Wir veröffentlichen Ihre Hausarbeit, Bachelor- und Masterarbeit

- Ihr eigenes eBook und Buch - weltweit in allen wichtigen Shops

- Verdienen Sie an jedem Verkauf

Jetzt bei www.GRIN.com hochladen und kostenlos publizieren

Bibliografische Information der Deutschen Nationalbibliothek:

Die Deutsche Bibliothek verzeichnet diese Publikation in der Deutschen National-
bibliografie; detaillierte bibliografische Daten sind im Internet über http://dnb.d-
nb.de/ abrufbar.

Impressum:

Copyright © 2019 GRIN Verlag
Druck und Bindung: Books on Demand GmbH, Norderstedt Germany
ISBN: 9783346047106

Dieses Buch bei GRIN:

https://www.grin.com/document/503584

Philipp Sbresny

Digital Nudging als Methode zur Reduzierung des Stromverbrauchs in Unternehmen

GRIN Verlag

GRIN - Your knowledge has value

Der GRIN Verlag publiziert seit 1998 wissenschaftliche Arbeiten von Studenten, Hochschullehrern und anderen Akademikern als eBook und gedrucktes Buch. Die Verlagswebsite www.grin.com ist die ideale Plattform zur Veröffentlichung von Hausarbeiten, Abschlussarbeiten, wissenschaftlichen Aufsätzen, Dissertationen und Fachbüchern.

Reduzierung des Stromverbrauchs in Unternehmen mittels Digital Nudging –
eine empirische Analyse des Potenzials

Studienarbeit

vorgelegt am 19.08.2019

an der
Hochschule für Wirtschaft und Recht Berlin
Fachbereich Duales Studium

Von:	Philipp Sbresny
Bereich:	Wirtschaft
Studiengang:	Betriebswirtschaftslehre Schwerpunkt Versicherung (VS 17/2)
Studienjahrgang:	2017
Studienhalbjahr:	Sommersemester 2019

Inhaltsverzeichnis

1. Einleitung

CO_2 nimmt 88 % der jährlichen Treibhausgas-Emissionen in Deutschland ein, welches primär bei der Stromerzeugung durch die Verbrennung von fossilen Brennstoffen entsteht (Umweltbundesamt, Kohlendioxid-Emissionen, 2019). Im Jahr 2016 wurde die Hälfte des Stroms durch die Nutzung von Kohle, Gas und Mineralöl produziert, welche nachweislich zur globalen Erderwärmung beitragen (Umweltbundesamt, Primärenergiegewinnung, 2019). Um dieser entgegenzuwirken, die Emissionen zu reduzieren und zur stärkeren Einhaltung des Kyoto-Protokolls wird ein immer größerer Fokus auf die Stromproduktion mittels erneuerbarer Energien gesetzt. So stieg der Anteil am Stromverbrauch durch erneuerbare Energien seit 2000 bis 2017 von 6% auf etwa 36% (Umweltbundesamt, Stromverbrauch, 2019). Diese Entwicklung und die stetige Forschung an effizienteren Technologien sind ein Weg, um die Klimaziele in Zukunft einzuhalten.

Doch nicht nur die Entstehungs-, sondern auch die Gebrauchsseite weist ein enormes Potenzial auf. In einer Studie von Diekmann (1999, S. 238) wurde eine positive lineare Korrelation zwischen dem verfügbaren Einkommen und dem Endenergieverbrauch nachgewiesen. Es scheint also Faktoren zu geben, die unterbewusst das Verhalten und den Konsum von Menschen in Bezug auf den Energieverbrauch beeinflussen. Private Haushalte sind jedoch nur ein kleiner Teil des landesweiten Stromverbrauchs. Neben diesen und dem Verkehrsbereich nimmt der Industrie- und Dienstleistungsbereich mit 1151 Terawattstunden jährlich (Stand 2017) fast die Hälfte des bundesdeutschen Stromverbrauchs in Anspruch (Umweltbundesamt, Stromverbrauch, 2019).

Diese Entwicklung ist auch an den Unternehmen selbst abzulesen, denn die Stromkosten nehmen in diesen circa 2 % des Umsatzes ein (DIHK, 2012). Der Strompreisindex für die Industrie zeigt hierbei, dass dieser Anteil im Laufe der Zeit immer weiter zunimmt. Auch wenn die Strompreise vergleichsweise ein ähnliches Niveau halten, führt der vermehrte Bedarf zu immer höherem Verbrauch (BDEW, 2019, S. 4).

Bei zunehmend mehr Unternehmen sieht man daher einen Wandel im Denken. Im Jahr 2009 gaben 31 % an, eine Energieeffizienzmaßnahme durchzuführen, 11% planten eine selbige. Im Jahr 2011 gab es 37 %, die eine solche Maßnahme durchführten und 14 % waren in der Planung (Dena, 2012). Betrachtet man die Studie zu den Privathaushalten mit dem Ergebnis, dass bei sinkendem verfügbarem Einkommen auch der Stromverbrauch sinkt und kombiniert dies mit dem ökonomischen Ziel der Gewinnmaximierung, so erklärt sich diese Entwicklung.

Einer der entscheidenden Faktoren ist demnach der Stromverbrauch. Hierbei ist es für Unternehmen zunehmend wichtiger, die Mitarbeiter auf genau diesen aufmerksam zu machen und eine Senkung dessen herbeizuführen, nicht nur im Sinne der Kostenreduzierung, sondern auch zur Bekämpfung der globalen Erderwärmung.

Diese Arbeit wird sich mit der Senkung des Stromverbrauchs am Arbeitsplatz durch nachhaltig beeinflussbares Verhalten der Mitarbeiter, mittels Digital Nudging, befassen. Zuerst wird ein Überblick über bisherige und aktuelle Literatur gegeben. Anschließend der theoretische Hintergrund zu Digital Nudging beleuchtet, wobei auf den aktuellen Stand der Forschung Bezug genommen wird. Nachfolgend werden im Forschungsdesign die Probleme und deren mögliche Lösungsansätze aufgezeigt. Mittels eines Projektdesigns werden im Folgenden das mögliche Verhalten von Mitarbeitern und der zu erwartende Erfolg der beschriebenen Maßnahmen erläutert sowie Aussagen über eine mögliche Auswertung getroffen. Mittels einer Diskussion der Lösungsansätze wird schlussendlich im Fazit eine Aussage über die Anwendbarkeit von Digital Nudging zur Senkung des Stromverbrauchs in Unternehmen getroffen. Mit einem Ausblick für die Zukunft wird diese Arbeit beendet.

2. Literaturübersicht

Dass der Mensch in seinem Handeln beeinflussbar sein kann, ist keine Neuheit. Jedoch ist dieses Handeln oft unberechenbar und kann nur bedingt vorhergesagt werden (Kahnemann, 2011). Kahnemann gilt als einer der Urväter dieses Themenfelds und hat die Grundlage des Verständnisses für die menschliche Entscheidungsfindung gelegt. Er erläutert, dass der Mensch zwei unabhängige Denksysteme besitzt und diese durch zahlreiche Faktoren beeinflussbar sind. Außerdem unterliegt der Mensch in seinem Handeln einigen intrinsischen Fehlinterpretationen, was sein Agieren oft in einer irrationalen Entscheidung enden lässt (Kahnemann, 2011). Dies wird von Thaler und Sunstein (2011, 2014) gestützt und weiterentwickelt. Sie erläutern, welche Faktoren explizit die Entscheidungen von Menschen beeinflussen können und greifen hierbei auf sozio-psychologische Tendenzen von Kahnemann zurück. Beide führen den Begriff libertären Paternalismus in die Literatur ein, präsentieren den Homo Economicus sowie seine Entwicklung und legen den Grundstein für spätere Nudges (Thaler&Sunstein, 2008). Nudging ist, laut gängiger Auffassung: „jeder beliebige Aspekt des Wählens, der das Verhalten der Menschen auf vorhersehbare Weise verändert, ohne jegliche Optionen zu verbieten oder ihren wirtschaftlichen Anreiz wesentlich zu verändern" (Thaler, 2008, S. 6). Sunstein (2011, 2014) beschäftigte sich in den Folgejahren vor allem mit der praktischen Anwendung von Beeinflussungsmöglichkeiten. Er untersucht bereits angewandte Methoden auf ihre Ursache und Wirkungsprinzipien und entwickelt auf Grundlage voriger Arbeiten Modelle für Regularien und Einschränkungen von Nudges (Sunstein, 2011). Er zeigt die Wirkungskraft von Einflussfaktoren, entwickelt weitere Entscheidungstendenzen und zeigt Grenzen in psychologischer und ethischer Hinsicht (Sunstein, 2014). Einer der wichtigsten Einflüsse ist das soziale Umfeld, welches Schultz (2007) in einer Feldstudie herausfand. Er verglich verschiedene Formen von Feedback, welches an Hausbewohner gegeben wurde und beobachtete ihr zukünftiges Verhalten. Hierbei stand für ihn vor allem der Stromverbrauch im Vordergrund und er stellte fest, dass ein sozialer Vergleich der Hausbewohner und die Übermittlung an diese mittels Feedbacks einen Einfluss auf deren Konsumverhalten hatte. Unterdurchschnittliche Ergebnisse verleiteten zu sparsamerem Konsum, wohingegen ein überdurchschnittliches Ergebnis zu einem Boomerang-Effekt führte und die Bewohner folgend mehr Strom verbrauchten (Schultz, 2007). Es wurde ersichtlich, dass der Einsatz von Außendarstellung diesen Rückfall verhindern kann, indem er soziale Anerkennung für überdurchschnittlichen Konsum und soziale Missbilligung für den Unterdurchschnitt mitkommunizierte (Schultz, 2007).

Ähnliches stellte Gonzales (1988) in einer Studie fest. Er untersuchte, ob die Anwendung von sozialen Tendenzen Einfluss auf den Wirkungsgrad des gegebenen Feedbacks hat. Dies ließ sich feststellen, indem er zwei Trainergruppen ausbildete und Feedback an Hausbesitzer geben lies. Eine Trainergruppe war zusätzlich geschult in der Anwendung sozialer Faktoren wie beispielsweise dem Verlust-Gewinn-Frame, dem Personalisieren von Angeboten und dem Aufbringen von Verständnis, wohingegen die zweite Gruppe lediglich die Grundausbildung als Trainer besaß. Die erste Gruppe wurde nach Tests von den Hausbesitzern als kompetenter, einfühlsamer und professioneller erachtet, was den starken Einfluss von sozialen Faktoren auf das Feedback zeigt (Gonzales, 1988). Private Haushalte als Zielgruppe zu wählen, geschieht hierbei nicht zufällig. Das Ministery of the Environment and Water Ressources (2013) untersuchte, welches Grundverständnis für den Konsum von Energie in privaten Haushalten vorherrscht. Mittels einer breiten Umfrage, an der mehr als 2000 Menschen teilnahmen, wurde ermittelt, welches Wissen die Menschen zum Thema Stromverbrauch und Klimawandel haben, wie ihr aktuelles Nutzungsverhalten aussieht und welche Maßnahmen sie zum Energiesparen nutzen. Zusätzlich untersuchten sie, welche Faktoren die Menschen zum Einsparen bzw. Konsum anleitet und unter welchen Voraussetzungen sie ihr Verhalten ändern würden. Ziel war es, einen besseren Bekanntheitsgrad für die Energiesparmöglichkeiten zu schaffen und das Akzeptanzlevel für die Problematik des Klimawandels zu erhöhen (MEWR, 2013).

Dass diese Erkenntnisse auch für den Arbeitsplatz gelten, zeigt Kamilaris (2015) in einer Studie mit Fokus auf der Senkung des Stromverbrauchs im Joballtag. Hierzu erhielten in einer Untersuchung 18 Mitarbeiter eines Unternehmens für 6 Monate regelmäßiges Feedback zum Nutzungsverhalten der Bürogeräte, vorrangig des Computers. Es stellte sich heraus, dass das Verständnis des Einflusses von Stromverbrauch Auswirkungen auf das Verhalten der Mitarbeiter hat und in Folge dessen auch der Stromverbrauch sinken kann. Zusätzlich fand er heraus, dass ein kombiniertes Feedback aus Bewertung, Selbstreflektion und persönlichen Handlungsempfehlungen am meisten Wirkung und Nachhaltigkeit erzielt (Kamilaris, 2015). Um dieses Feedback und andere Methoden noch effektiver zu gestalten, untersuchte Leygue (2017), welche Intentionen die Mitarbeiter grundsätzlich zum Konsum oder Einsparen von Strom veranlasst. Sie erstellte eine Skala zur Messung der Wirkungsstärke verschiedener Motivationen und erkannte, dass vor allem das Umweltbewusstsein, die Unternehmensverbundenheit und der Drang zu positiver Außenwirkung die stärksten Motivationsfaktoren darstellen (Leygue, 2017). Neben der Intention zum Stromsparen spielt vor allem auch der tatsächliche Verbrauch am Arbeitsplatz eine Rolle, welchen Kawamoto (2004) in einer Studie genauer betrachtete. Er untersuchte, welche Geräte wann und wie genutzt werden, ermittelte Ein- und Ausschaltverhalten selbiger und bringt vor allem das Thema Leerlaufzeit in die Forschung ein. Seine Erkenntnis, dass ein solides Power-Management und das Verhindern von ungenutzten Gerätezeiten einen starken Einfluss auf den Gesamtstromverbrauch in einem Unternehmen haben kann, ist eine der Kernerkenntnisse für weitere Forschungen (Kawamoto, 2004). Die Thematik des Power-Managements wurde erneut von der Loughborough University (2011) aufgegriffen. Hierbei wurde festgestellt, dass vor allem Stromverbraucher wie Licht oder Aufzüge als unkalkulierbar gelten und deshalb keine Beachtung in den Energie-Management-Plänen der Unternehmen finden. Folgend wird der starke Einfluss von bspw. Licht auf den Alltag und Stromverbrauch beleuchtet, Probleme und Missverständnisse in der Nutzung erklärt und auf zukünftige Handlungsempfehlungen verwiesen (Loughborough University Institutional Repository, 2011).

Mit der Zukunft setzte sich auch das Fraunhofer Institut (2019) auseinander und entwirft in einer Studie verschiedene Szenarien für zukünftige Stromsparentwicklung bis zum Jahr 2050. Hierbei greifen sie auf Einflussfaktoren von Sunstein, Thaler und Kahnemann (2008, 2011, 2014) zurück und erläutern wie auch kombiniertes Feedback in Zukunft effektiver wirken kann. Im Fokus stehen vor allem der Wirtschafts- und Strukturwandel sowie neue Trends wie bspw. die aufkommende Share-Economy, welche immer stärkeren Einfluss auf das Nutzungs- und Konsumverhalten der Menschen hat (Fraunhofer Institute for Systems and Innovation Research, 2019).

Es wird ersichtlich, dass es bereits zahlreiche Untersuchungen zum Stromverbrauch im privaten sowie beruflichen Umfeld gibt. Auch die Thematik des Nudgings sowie der Entscheidungsbeeinflussung kann umfassende Literatur und Studien vorweisen. Wie der Stromverbrauch beeinflusst werden kann, ist bisher jedoch nur durch die Anwendung von Feedback und vorwiegend im privaten Bereich betrachtet worden. Der Einsatz von Nudging-Metho-den zur Senkung des Stromverbrauchs blieb bisher weitgehend unbeachtet ebenso wie der Einfluss des beruflichen Umfelds. Diese Lücke soll die folgende Arbeit schließen und sich mit der Forschungsfrage, ob eine Senkung des Stromverbrauchs mittels Digital Nudging möglich ist, beschäftigen.

3. Theoretische Ansätze und empirische Befunde

Um Menschen, im Fokus dieser Arbeit vor allem Mitarbeiter, erfolgreich beeinflussen zu können, ist es wichtig zu verstehen, wie Menschen denken und Entscheidungen treffen. Im folgenden Kapitel soll hierrüber Aufschluss gegeben werden, zentrale Begriffe erklärt und auf bisherige empirische Arbeiten eingegangen werden. Ziel ist es, ein theoretisches Fun-dament für die folgenden Kapitel zu legen und einen Zusammenhang zwischen menschli-cher Entscheidungsfindung und Entscheidungsbeeinflussung klarzustellen.

Das menschliche Gehirn besitzt zwei Systeme. Diese zwei Systeme beschrieb Kahneman (2011, S. 22 f.) als ein langsames und ein schnelles System. Das schnelle System, im Fol-genden als System 1 bezeichnet, arbeitet automatisch, impulsartig und ohne wirkliche frei-willige Kontrolle des Denkenden. Es beruht zum Großteil auf Instinkten, Verhaltensmustern und gelernten Abläufen. Das zweite System hingegen erfordert aktive Aufmerksamkeit. Es greift immer dann, wenn das erste System überfordert ist oder das vorliegende Problem nicht lösen kann. Mithilfe des zweiten Systems werden Entscheidungen getroffen, die auf der Grundlage von komplexen Zusammenhängen, Abwägungen und Erwartungen liegen.

Da dieses wesentlich mehr Anstrengung für das Gehirn bedeutet, wird so oft wie nur mög-lich das erste System eingesetzt. Es existieren somit zwei Entscheidungsfindungssysteme: ein impulsives ungesteuertes und ein bedachtes und aktiv kontrolliertes System (Kahne-mann, 2011 S. 22 f.).

Der entscheidende Konflikt liegt in der Selbstverständlichkeit, mit der System 1 angewen-det wird. Das menschliche Gehirn ist auf ressourcensparendes Arbeiten ausgelegt und ver-sucht daher so oft wie möglich das primäre System zur Entscheidungsfindung einzusetzen. Es ist schnell, einfach und unkompliziert und schützt somit den Denkenden vor unnötiger Anstrengung. System 1 hinterfragt jedoch auch nicht den Ausgang der Entscheidung, wie es System 2 tun würde, denn dies würde die arbeitssparende Effizienz beeinträchtigen.

Es ist offensichtlich, dass System 1 zu oft genutzt wird, gerade wenn es besser wäre, mit System 2 eine durchdachte Entscheidung zu treffen. Dies geschieht meist auf Kosten der Rationalität (Kahnemann, 2011).

Um Entscheidungen zu beeinflussen und somit Menschen zum aktiven Denken und Nutzen von System 2 anzuregen, verlangt es nach einem Werkzeug. In dieser Arbeit soll es um ein besonderes psychologisches Werkzeug gehen: Nudging. Nudges werden vor allem dann eingesetzt, wenn direkte Verbote oder Einschränkungen verhindert werden sollen. Dies folgt dem Leitbild des libertären Paternalismus, was in Kombination eher einem inhaltlichen Widerspruch anmutet.

Libertär bedeutet, dass der Staat weder Einschränkungen festlegt, noch eine allgemeine Meinung oder Vorgehen vorgibt. Ziel ist es, „dass jedes Individuum das Recht dazu hat, das zu tun, was immer es möchte, solange dadurch nicht die Freiheit anderer Individuen verletzt wird." (Pusch, 2011, S. 3).

Paternalismus (lat. für väterlich) wird hierbei als staatliche Mitwirkung verstanden. Für Thaler & Sunstein (2008) geht es weniger um die Bevormundung, sondern eher um Einschränkung der Menschen „mit dem Ziel ihre Leben länger, gesünder und besser zu machen" (Thaler&Sunstein, 2008, S.5 Z. 21 f.).

Ist also von libertärem Paternalismus die Rede, so bezeichnet dies eine Einschränkung der Möglichkeiten, zwischen denen die Teilnehmer jedoch frei entscheiden können.

Nudging (zu Deutsch: schubsen) entspringt aus dem libertären Paternalismus und dient diesem als Werkzeug. Dieser Schubser umfasst „alle Maßnahmen, mit denen Entscheidungsarchitekten das Verhalten von Menschen in vorhersagbarer Weise verändern können, ohne dabei irgendwelche Optionen auszuschließen oder wirtschaftliche Anreize stark zu verändern. Ein Nudge muss zugleich leicht und ohne großen Aufwand zu umgehen sein und ist nur ein Anstoß, keine Anordnung" (Thaler & Sunstein, 2009, S. 15).

Im Kontext dieser Arbeit soll das Nudging noch spezifischer deklariert werden, nämlich als Digital Nudging. „Digital Nudging ist der Einsatz von [user-interface] Design-Elementen, um menschliches Verhalten in digitalen Entscheidungsumgebungen zu leiten" (Weinmann, Schneider, Brocke, 2015, S. 1, übersetzt). Von Relevanz ist hierbei vor allem das menschliche Verhalten, da es um das digitale Umfeld am Arbeitsplatz gehen soll und dort vor allem um das Nutzungsverhalten von Geräten wie Desktop-Computer, Laptops usw.

Es ist klar geworden, wie das menschliche Gehirn Entscheidungen trifft und dass diese beeinflussbar sind. Nudging gilt als Werkzeug, diese beiden Punkte zu verbinden und auf die jeweiligen Systeme einzuwirken. Die Herausforderung ist, automatische Entscheidungen hervorzurufen, um eine spezifische Entscheidung zu erreichen oder den Nutzer zum aktiven Nachdenken anzuregen und somit eine rationalere Entscheidung herbeizuführen.

Im Themenfeld des Nudging sind Cass Sunstein mit seinem Team Daniel Kahneman und Richard Thaler durch eine Vielzahl an Ratgebern und Forschungen aktiv. Sie zeigen, wie wirkungsvoll Nudging angewendet werden kann und auch bereits wird. Grundsätzlich unterscheidet Sunstein (2011) in seinem Werk „Empirically Informed Regulation" vier Verhaltenstendenzen, die bei Nudging berücksichtigt werden müssen. ‚Trägheit und Prokrastination' formt die erste Tendenz und beschreibt, dass Menschen dazu neigen, eingeübte Verhaltensmuster dauerhaft anzuwenden, auch wenn dies nicht den optimalen Output bringt und ein Wechsel mit geringem Aufwand und hohem Nutzen verbunden wäre. Dieser ‚Status-quo-Effekt' wird durch die Prokrastination, also dem Verweilen in der Gegenwart, ergänzt und besagt, dass Menschen in ihrer Entscheidungsfindung zu kurzfristig denken und nachhaltige Ergebnisse der Zukunft nicht beachten. Diese Kurzsichtigkeit in Verbindung mit der Überforderung durch komplexe Problemstellungen löst eine Verhaltensstarre bei Menschen aus. Diese ist nur durch klare Handlungsempfehlungen in der Gegenwart zu bewältigen (Sunstein, 2011).

Die zweite Kategorie ist ‚Framing, Präsentation und Verlust-Aversion' und beschreibt, dass Informationen je nach Darstellungsweise anders aufgefasst werden. Es wird erläutert, Menschen seien bspw. eher bereit energiesparende Produkte zu verwenden, wenn ihnen nicht der Nutzen als gespartes Geld (Gewinn-Framing), sondern das nicht Nutzen als verlorenes Geld (Verlust-Framing) dargestellt wird (Marti Hope Gonzales, et. al 1988). Hieran knüpft Sunsteins (2011) Verständnis der Verlust-Aversion, die besagt, dass Menschen den Verlust von etwas wesentlich schwerwiegender einschätzen als einen gleichwertigen Gewinn dieses etwas (Hauptbezug: Geld). Zusätzlich spielt die Darstellungsweise eine wichtige Rolle. Ist eine Information salient, also auffällig sichtbar, so erregt sie eher die Aufmerksamkeit des Betrachters. Ist diese Information zusätzlich einfach verständlich und optisch gut aufgearbeitet, so kann sie eher verhaltensleitend wirken (Sunstein, 2011).

Soziale Einflüsse stellen die dritte Tendenz dar. Hierbei spielt vor allem die Außenwirkung eine entscheidende Rolle. Verhaltensweisen, welche von der breiten Masse adaptiert und angewendet werden, gelten zumeist als soziale Norm und werden daher auch von dem Einzelnen befolgt. Dies bezieht sich vor allem auf Lebensstil, Gesundheit, Risikoverhalten und das Verhalten gegenüber anderen. Die Furcht der Reputationsschädigung, falls gegen soziale Verhaltensweisen verstoßen wird, lässt das Individuum oftmals dazu tendieren, bestimmte Handlungen aktiv durchzuführen oder zu unterlassen. Diese Tendenz verleitet Menschen zu kooperativem Handeln, um Probleme in der Allgemeinheit zu lösen. So kann der Einzelne Fehler machen, ohne die soziale Masse zu verärgern und seine Außenwahrnehmung zu schädigen (Sunstein, 2011). Die abschließende vierte Kategorie beschäftigt sich mit der Fehleinschätzung von Wahrscheinlichkeiten. Da Menschen selten rational handeln, sind Entscheidungen, welche auf Wahrscheinlichkeiten beruhen, oftmals fehlerhaft. Dies liegt vor allem an der emotionalen Struktur und dem bereits beschriebenen Status-quo-Problem. Unrealistischer Optimismus ist hierbei eins der drastischsten Probleme, bei denen der Entscheider davon ausgeht, dass er selbst weniger wahrscheinlich von einem Ausgang betroffen sein könnte, als der Durchschnittsmensch (bspw. Raucher und Lungenkrebs). Ein weiteres Problem in der Verhaltensheuristik ist die Einschätzung der Risikowahrscheinlichkeit. So schätzt das Individuum eine Sache als eher wahrscheinlich ein, wenn er sich an Situationen erinnern kann, die zu ähnlichen Ausgängen führten. Diese Fehleinschätzung in Verbindung mit der beschriebenen Kurzsichtigkeit führt in vielen Fällen zu irrationalen Handlungen (Sunstein, 2011).

Es wurde ersichtlich, welche Tendenzen auf die Entscheidungsfindung einwirken und explizit für die Wirksamkeit von Nudges verantwortlich sein können. Folgend stellt sich die Frage, inwiefern diese bereits erfolgreich in die Praxis transferiert wurden.

Auch hierbei legt Sunstein (2014) den Grundstein und erklärt in seinem Artikel „Nudging: A Very Short Guide" die 10 wichtigsten Nudges für die Politik. Sein Verständnis wurde in Folgejahren erweitert und von politischen Institutionen aufgegriffen. So erstellte ein Team aus Ökonomen und Forschern den MINDSPACE-Report (Donan et. al 2010) für die britische Regierung. Es wurden neun Effekte festgelegt, die auf Entscheidungsfindung der Menschen Einfluss haben:

Messenger	Wir werden stark davon beeinflusst, wer Informationen weitergibt
Incentives	Unsere Reaktionen auf Anreize werden durch vorhersehbare mentale Abkürzungen wie die strikte Vermeidung von Verlusten geprägt
Norms	wir werden stark von dem beeinflusst, was andere tun
Defaults	Wir gehen „mit dem Fluss" der voreingestellten/standardmäßigen Optionen
Salience	unsere Aufmerksamkeit wird auf das gelenkt, was neu ist und uns relevant erscheint
Priming	Unsere Handlungen werden oft von unbewussten Hinweisen beeinflusst
Affect	Unsere emotionalen Assoziationen können unser Handeln stark beeinflussen
Commitments	Wir sind bestrebt, unsere öffentlichen Versprechen einzuhalten und Handlungen zu erwidern
Ego	Wir verhalten uns so, dass wir uns besser fühlen

Tabelle 1, in Anlehnung an Dolan et. al., 2010 S. 8

Durch die breite Akzeptanz dieses Ansatzes und vielfältige Versuche der Anwendung wurde die Ausarbeitung spezifischerer Modelle vorangetrieben. So fertigte das Behavioural Insights Team (kurz BIT) der britischen Regierung 2014 das sogenannte EAST-System, um Nudges besser zu konstruieren. Demnach muss ein Verhaltensanreiz einfach (easy), attraktiv (attractive), sozial bedeutend (social) und zeitlich klug (timely) gewählt sein. Diese EAST-Richtlinie basiert dabei grundlegend auf den Tendenzen, welche von Sunstein (2011) hergeleitet wurden sowie der MINDSPACE-Richtlinie (2010). Der BIT-Bericht von 2015 zeigt hierbei eindrucksvoll, dass bereits in vielen Bereichen wie Konsum, Medizin oder auch dem Arbeitsmarkt Nudges, mehr oder minder erfolgreich, eingesetzt werden können (BIT, 2014).

Doch Forschung ist vielfältig und so gibt es nicht nur im Bereich des Nudging weitreichende Erkenntnisse. Auch im Bereich des Energieverbrauchs und der Energieeffizienz ist dies der Fall. Wie bereits durch das Bundesamt für Umwelt (2018) gezeigt, steigt der Energiebedarf jedes Jahr ein wenig an. Positiv ist dennoch die aktuelle Entwicklung zu sehen. Eine Prognose des Fraunhofer-Instituts (2019) über mögliche Entwicklungen bis 2050 im Energiebereich erwartet Positives. So steigt zwar momentan noch der Stromverbrauch an, jedoch arbeitet Technologie immer effizienter und stromsparender. Der Trend des Energiebedarfes ist auf einem abnehmenden Weg (vgl. Abb. 1) und wird in Zukunft prognostiziert, mit fortschreitender Forschung und neuen Technologien, noch weiter sinken.

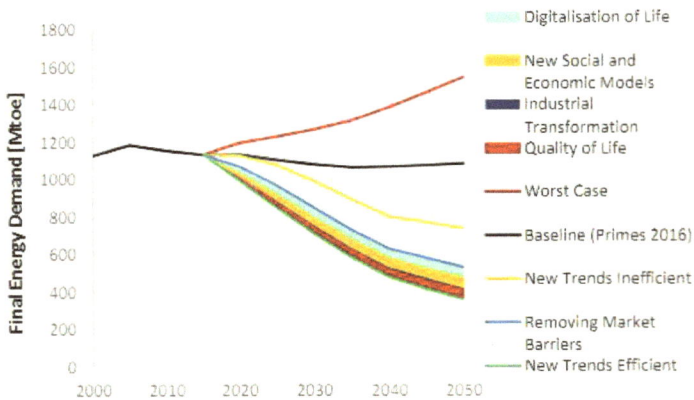

Abbildung 1: Final energy demand (Fraunhofer Institut, 2019 S.4)

Eine direktere Gegenmaßnahme ist über die effizientere Nutzung von Strom aufzuklären. Hierzu hat das Ministery of the Environment and Water Resources (kurz MEWR) 2013 eine Studie durchgeführt, inwiefern private Haushalte Strom sparen. Allgemeine Maßnahmen wie Steckdosenleisten ausschalten, Computer herunterfahren bei längerer Nichtnutzung oder den Kühlschrank nicht zu überfüllen sind weitverbreitet. Den Konsum zu reduzieren, Energiemanagementprogramme im Haushalt einzusetzen oder simpel eine Thermoflasche zu nutzen sind Maßnahmen, die jedoch nur von der Minderheit angewendet werden

(MEWR, 2013). Dies zeigt, dass es selbst bei den Grundlagen noch Nachholbedarf gibt. Am Grundverständnis der Problematik mangelt es hierbei dennoch nicht. Schaut man sich die Motive zum Energiesparen an, so sind im Privatbereich die Stromkosten mit 72,7% (MEWR, 2013 S. 14) der Hauptantrieb, um sparsamer zu wirtschaften. Der Umweltschutz nimmt mit rund 25% Platz zwei ein (MEWR, 2013). Auch im Angestelltenverhältnis spiegelt sich ähnliches Verhalten wider. In einer Studie von Caroline Leygue et. al. (2017) wurde untersucht, welche Motive Mitarbeiter zum Energiesparen anregen. Neben der Unternehmensverbundenheit und dem damit gepaarten Ziel der Kostenreduzierung war auch der Umweltschutz eine wichtige Komponente. Zudem spielt auch die soziale Komponente eine Rolle. Ein Großteil der Mitarbeiter gab an, Strom zu sparen, weil andere Kollegen dies auch tun und sie selbst sich deshalb Gleichem verpflichtet fühlen (Caroline Leygue et. al., 2017 S. 54).

Das richtige Mindset zu besitzen, ist von Vorteil. In Unternehmen gilt es jedoch, zusätzlich auch die groben Rahmenbedingungen anzupassen und das bedeutet schwierigere Maßnahmen wie Umbauten, Austausche oder Änderungen vorzunehmen. Hierzu hat der ICF (2015) eine Analyse potentieller Maßnahmen für einzelne Industriesparten durchgeführt. Die Ergebnisse und Möglichkeiten sind vielfältig und reichen von teuren Maßnahmen wie Hardware-Austausch durch stromsparendere Geräte über mäßig teure wie automatische Lichtsysteme bis hin zu günstig und einfach umsetzbaren Maßnahmen wie der Einsatz von LEDs im Büro (ICF, 2015 S. 158 ff.). Letzteres zeigt bereits in der Praxis Wirkung. Eine Untersuchung von Narun Luewarasirikul (2015) zeigt, dass die LED-Technologie in der Anschaffung zwar bis zu 12-mal teurer als klassische Glühmittel sein können, jedoch zeichnen sich die LEDs durch lange Laufzeit und geringen Stromverbrauch aus. Dieser liegt im Vergleich zu klassischen Leuchtmitteln bei einem Zehntel. Rechnet man dies auf die tatsächlichen Stromkosten der Laufzeit (50.000 h) um, so kostet die LED ca. 35 $, wohingegen das klassische Produkt bei gleicher Laufzeit ca. 300 $ kosten würde (Narun Luewarasirikul, 2015 S. 1205 f.). Es zeigt sich, dass es in Unternehmen bereits die richtigen Motive gibt und auch von der Unternehmensseite bereits einige förderliche Maßnahmen durchgeführt werden. Dies ist jedoch bei weitem noch nicht ausreichend, um die aktuellen Klimaziele zu erreichen. Da Unternehmen nur begrenzt teure Maßnahmen durchführen können, liegt auch ein großer Fokus auf dem Joballtag und wie ressourcensparend die eigenen Mitarbeiter die bereits durchgeführten Methoden effektiv nutzen und adaptieren.

4. Forschungsdesign

Im Folgenden soll es um die Möglichkeiten zur Reduzierung des Stromverbrauchs durch die Mitarbeiter gehen. Um diese Verhaltensänderung messbar zu machen, sind einige Vorüberlegungen notwendig. Es wird für zukünftige Ausführungen angenommen, dass in den Unternehmen jeder Mitarbeiter zur Durchführung seiner Arbeit einen Computer oder Laptop mit dem Betriebssystem Microsoft Windows nutzt. Zusätzlich wird angenommen, dass der genutzte Strom nicht aus erneuerbaren Energien bezogen wird und somit der umweltbewusste Willen zur Stromsenkung vorhanden ist.

Da der gewöhnliche Joballtag sich auf einen Punkt, nämlich den Arbeitsplatz, beschränkt, soll dieser näher in den Fokus rücken. Hierbei sollen insbesondere Methoden entwickelt werden, wie man mithilfe von Digital Nudging den Stromverbrauch senken und somit die Energieeffizienz am Arbeitsplatz steigern kann. Um dies zu erreichen wird der Design Science Ansatz genutzt.

4.1 Problem Identifikation und Motivation

Handel, Gewerbe und Dienstleistungen nehmen rund 20% des Gesamtenergieverbrauchs in Deutschland ein (Umweltbundesamt, 2018). Dennoch sind Unternehmen angehalten, auch im Sinne der Gewinnmaximierung, Geld für Strom und Energie einzusparen. Um genauere Vorgehensweisen zur Erreichung dieses Ziels herzuleiten, ist es wichtig, die genaue Verbrauchsaufteilung zu kennen. Die U.S. Energy Information Administration (2016), kurz EIA, hat hierzu Studien durchgeführt. Diese beziehen sich auf US-amerikanische Unternehmen, da die Sektor-Aufteilung am Stromverbrauch jedoch nahezu identisch ist, kann diese zu diesem Zweck übertragen werden (EIA, 2016).

Im kommerziellen Feld nehmen Bürogebäude den ersten Platz beim Stromverbrauch ein, dicht gefolgt von kaufmännischen bzw. Handelsgebäuden (EIA, 2016). Diese Tatsache ist begründet, sind doch gerade in diesen Branchen viele Einzelgeräte mehrere Stunden täglich und teils 7 Tage die Woche eingeschaltet. Das Fraunhofer Institut (2015) hat in einer Studie ermittelt, welche Geräte wie lange genutzt werde. So sind in 31% der untersuchten Betriebe Server vorhanden, die im Schnitt 21 h am Tag in Betrieb sind. Neben Geräten wie Druckern mit 8,4 h Nutzung pro Tag und Kopierern mit 5,5 h pro Tag sind es vor allem die Computer und parallel genutzte Bildschirme, die mit 8,2 h täglicher Nutzungsdauer den Stromverbrauch in die Höhe treiben (Fraunhofer ISI, 2015 S. 146). Dies zeigt das deutliche Einsparpotenzial in Unternehmen, speziell beim einzelnen Mitarbeiter am Arbeitsplatz. Da der Ausbau von Netzwerken, die Einbringung neuer Technologien und die fortschreitende Digitalisierung immer weiter zunimmt und beginnt, sich rasanter zu entwickeln, ist es gerade jetzt umso wichtiger, die Mitarbeiter auf einen ressourcensparenden Umgang hinzuweisen und zum Einsparen vom Strom zu bewegen.

Die Antwort, warum Mitarbeiter noch nicht vollends im Sparen von Ressourcen geschult sind, liegt vor allem in ihrem Charakter selbst. Kamilaris et. al. (2015) fand heraus, dass das energieverbrauchende Verhalten vor allem auf Gewohnheiten, alltägliche Arbeitsabläufe und auch Unbedachtheit zurückzuführen ist (Kamilaris et. al. 2015). Es gilt, diese einge-schliffenen Verhaltensmuster zu ändern, die größtenteils durch das instinktive System 1 der menschlichen Entscheidungsfindung hervorgerufen werden (Kahnemann, 2011). Dies soll vor allem durch saliente Informationen geschehen, da diese gerade im Feld des Digital Nudging praktikabel anwendbar sind. Wie Sunstein (2011) bereits beschrieb, ist Framing und Darstellungsweise ein wichtiger Indikator um Nudges erfolgreich einzusetzen. Es kann davon ausgegangen werden, das durch den Einsatz salienter Informationen, wie sie Sunstein (2011) beschreibt, das Entscheidungsfindungssystem 2 nach Kahnemann (2011) anregt wird, intensiver und aufwendiger über Ursache und Wirkung eines Entschlusses nachzu-denken.

Im Rückblick auf die Definition eines Nudges muss dieser Optionen aufzeigen, jedoch darf keineswegs eine Entscheidung erzwungen werden. Der Nutzer muss also in der einge-schränkten Entscheidungsfreiheit bleiben.

Kamilaris et. al. (2015) fand heraus, dass Bewohner klare Handlungsleitfäden hierbei besser auffassen und zum Energiesparen bereit sind, als nur aufklärende Informationen zu erhalten. Daher sollte der Digital Nudge immer eine klare Zielführung aufweisen, über dessen Aus-gang der Nutzer jedoch selbst entscheiden kann.

Im Folgenden sollen verschiedene Lösungsansätze nach dieser Herangehensweise aufge-zeigt werden.

4.2 Lösungsansätze

Der Computer ist im Büroalltag kaum wegzudenken und ein notwendiges Arbeitsgerät. Die unterstützende Technologie birgt jedoch auch Probleme, die dem einzelnen Nutzer nicht unbedingt klar sind. PC, Laptop und anderes Büro-Equipment nimmt mittlerweile mit rund 16% den zweitgrößten Teil des jährlichen Stromverbrauchs in Bürogebäuden ein (EIA, 2018). Dies entspricht einem Verbrauch von ca. 175 Mrd. Kilowattstunden pro Jahr (EIA, 2016). Verursacht wird dies durch den unbedachten Umgang mit den Geräten selbst. Ka-wamoto et. al. (2004) fand in einer Studie heraus, dass ein Computer im Schnitt 6,9 Stunden täglich eingeschaltet ist, sich jedoch 3,9 Stunden in Leerlauf-Zeit befindet (Kawamoto et al, 2004 S. 919). Leerlauf bezeichnet hierbei den Zustand, in dem ein Gerät eingeschaltet ist, jedoch nicht aktiv genutzt wird. Dies geschieht vor allem in Mittagspausen, Meetings oder während langer Telefongespräche. Kamilaris et. al. (2015) fand heraus, dass die meisten Nutzer ihr Gerät während dieser Zeiten eher sperren statt herunterzufahren oder in den Energiesparmodus zu versetzen. Dies bedeutet, dass der Computer während der gesamten Abwesenheit voll aktiv arbeitet und Strom verbraucht (Kamilaris et. al., 2015). Bei Geräten wie Smartphones oder Tablets wird mit Blick auf das Batteriemanagement ein anderes Vorgehen ergriffen. Javed et. al. (2017) fanden heraus, dass ein Bildschirm in einem mobilen Gerät mit 35% den größten Teil am Stromverbrauch einnimmt. Daher wird im Falle des Sperrens des Geräts der Bildschirm automatisch ausgeschaltet, um den größten Anteil am Stromverbrauch einzudämmen (Javed et. al., 2017).

An diesem Punkt setzt das Digital Nudging ein. Um dem Problem entgegenzuwirken, wird ein Pop-Up-Fenster auf dem Computer eingesetzt, welches angezeigt wird, sobald der Nutzer versucht, seinen Computer zu sperren. Nutzt der Anwender die Tastenkombination „Win"+„L" oder klickt auf die Schaltfläche „Sperren" im Windows Menü, so wird er durch dieses Fenster zum Nachdenken angeregt. Die Frage: „Wollen Sie den Computer lieber ausschalten, um Energie zu sparen?" indiziert hierbei eine klare Leitfrage, über die der Anwender entscheiden muss. Dies kann er über die Auswahlfelder „Ja" oder „Nein" tun. Wird die Frage bejaht, so speichert der Computer den aktuellen Arbeitsstand und schaltet sich aus, im gegenteiligen Fall der Verneinung wird der Computer wunschgemäß gesperrt. Durch dieses Fenster werden direkt mehrere Punkte fokussiert. Eine durch das System 1 angestoßene Entscheidung wird durch das tiefgründigere System 2 überprüft, wobei diese Entscheidung vor allem durch direktes Framing mit salienten Informationen gelenkt wird. Der Indikator „um Energie zu sparen" weist den Nutzer auf seinen ökologischen Fußabdruck hin und lässt ihn gleichzeitig über die sozialen Konsequenzen nachdenken, was wohl Kollegen tun und von den getroffenen Entscheidungen halten würde. Es werden somit mehrere Tendenzen zur Entscheidungsfindung nach Sunstein (2011) angesprochen, die den Entschluss in die gewünschte Richtung, das Ausschalten des Geräts und gleichzeitiges Stromsparen, lenken. Ein weiterer Punkt ist die Notwendigkeit der Entscheidung. Im Gegensatz zu vielen Hinweisen oder bildenden Informationen, die durch Programme mittels Pop-Up-Fenstern dem Nutzer präsentiert werden, steht bei diesem Framing die Ignoranz oder Ausblendung nicht zur Verfügung. Um eine Wirkung auf dem Gerät zu erreichen, muss auch eine Entscheidung getroffen werden, andernfalls bleibt der Computer entsperrt. Außerdem kann die Gleichgültigkeit des Anwenders genutzt werden, indem das drücken der „Enter-Taste" automatisch die Auswahl „Ja" bestätigt, welche bei Aufkommen des Fensters als Standard vorbelegt ist. Ein solches Framing könnte wie folgt aussehen:

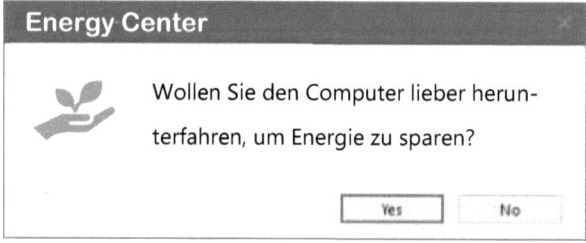

Abbildung 2, Lösungsansatz 1, eigene Darstellung

Ein weiterer Lösungsansatz ist das Verhindern/-mindern der sogenannten Leerlaufzeit. Wie Kawamoto et. al. (2004) herausfand, entspringt viel dieser Leerlaufzeit dessen, dass Nutzer vergessen, ihren Computer auszuschalten während sie lange telefonieren oder anderweitig beschäftigt sind. Viele Geräte wie zum Beispiel Smartphones, Tablets oder Fernseher nutzen bereits automatisches Ausschalten, um Energie zu sparen. Auch auf dem Computer existiert diese Funktion bereits, wird aber meist von Nutzern deaktiviert, nicht aktiv genutzt oder ist nicht standardmäßig vorbelegt. Um dem entgegenzuwirken, kann ebenfalls Digital Nudging eingesetzt werden. Mittels eines Pop-Up-Fensters wird der Nutzer auf die Inaktivität des Geräts hingewiesen und durch sein System 2 zum Nachdenken angeregt. Die Frage: „Ich wurde schon seit 10 Minuten nicht mehr genutzt. Kann ich mich zum Schutz der Umwelt ausschalten?" mit den Entscheidungsmöglichkeiten „Ja" und „Nein". Ähnlich wie bei Lösungsansatz 1 wird hier an die soziale und ökologische Außenwirkung appelliert und durch den Zusatz „zum Schutz der Umwelt" konkreter auf Probleme wie globale Erwärmung hingewiesen. Die Zeitbelegung von 10 Minuten ist hierbei als beispielhaft zu betrachten und sollte von Unternehmen selbst festgelegt werden, da eine zu kurze Spanne die Arbeitsabläufe beeinträchtigen kann. Auch hier ist die Option „Ja" bereits standardmäßig vorbelegt, sodass mit der Bestätigung durch die Enter-Taste wenig Aufwand für Anwender nötig ist.

Ein beispielhaftes Framing hierfür wäre folgendes:

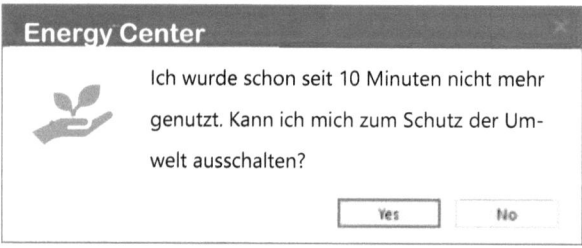

Abbildung 3, Lösungsansatz 2, eigene Darstellung

Abrahamse et. al. (2005) stellten fest, dass Feedback wichtig ist, um Verhalten dauerhaft zu ändern. Staddon et. al. (2015) unterstützen dies und zeigen anhand zahlreicher Studien, dass Feedback nachhaltig den Energieverbrauch senken kann. Das Feedback muss hierbei jedoch nicht durch eine Führungsperson oder administrative Stelle ausgegeben werden, sondern kann einfach und als Methode des Digital Nudging angewandt werden. In Anlehnung an die soziale Tendenz nach Sunstein (2011) soll der Fokus auf komparativem Feedback liegen. Hierbei werden die Mitarbeiter oder auch Abteilungen untereinander verglichen und erhalten daraufhin ein Feedback, wie sie innerhalb dieses Vergleiches abgeschnitten haben. Durch salientes Framing kann dieses Feedback in regelmäßigen Abständen und/oder zum Abschluss eines Arbeitstages auf dem jeweiligen Gerät des Anwenders angezeigt werden. Da Mitarbeiter oft wenig Zeit und Motivation haben, Daten auszuwerten, welche für sie nicht zielführend sind, soll dies bereits für sie erledigt werden und mittels einer Skala dargestellt werden. Hierbei wird auf eine Smiley-Skala zurückgegriffen, welche sich bei emotionalem Feedback bereits vielseitig bewährt hat (Happy-or-Not, 2019). Der Einsatz von Emoticons eignet sich hierbei besonders, um Feedback zu personalisieren sowie emotional zu transportieren und verständlicher zu machen. In dieser Form wird es bereits erfolgreich in Online-Seminaren und Feeback-Bögen in Schulen eingesetzt (Dunlap et. al., 2016). Um das Fenster zu schließen, kann man dies entweder mit der Schaltfläche „Okay" tun oder das Ergebnis mittels „Share this!" an Kollegen und Mitarbeiter weitergeben. Dies regt erneut den sozialen Aspekt der menschlichen Natur an und fördert den Wettbewerbstrieb, der beste und sparsamste Mitarbeiter oder die beste Abteilung zu sein.

Ein Framing, um dies umzusetzen, könnte wie folgt aussehen:

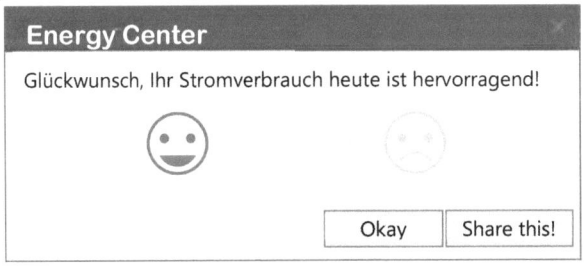

Abbildung 4, Lösungsansatz 3, eigene Darstellung

Im Büro selbst werden 17% des Stroms für Beleuchtung verwendet (EIA, 2016). Die Loughborough University (2011) fand heraus, dass zwischen 06:00 und 10:00 Uhr der Anstieg des Stromverbrauchs für Beleuchtung am größten ist und ab 10:00 Uhr sein Maximum erreicht. Interessant hierbei ist, dass ab diesem Zeitpunkt der Stromverbrauch jedoch nahezu konstant verläuft und auch in Zeiten wie Mittagspausen nicht markant absinkt. Erst ab 16 Uhr ist eine kontinuierliche Abnahme zu verzeichnen (Loughborough University, 2011 S. 11). Dies liegt vor allem daran, dass Mitarbeiter in Pausen- und Abwesenheitszeiten vergessen, das Licht auszuschalten. In einer Studie von Pigg et. al. (1996) wurde nachgewiesen, dass nur ca. 8% der Mitarbeiter, die maximal eine halbe Stunde den Raum verlassen, das Licht dabei ausschalten. Bei ein- bis zwei Stunden sind es nur rund 40%. Dies bedeutet, dass bei rund 60% der Mitarbeiter während der Mittagspause weiterhin die gesamte Beleuchtung aktiv ist, obwohl der Raum zu dieser Zeit vollkommen ungenutzt ist (Pigg et. al., 1996 S. 8.166). Auch zur Vorbeugung dieser Ressourcenverschwendung und zur indirekten Verhaltensbesserung der Mitarbeiter kann Digital Nudging eingesetzt werden. Hierbei wird erneut ein Pop-Up-Fenster eingesetzt. Dieses sollte in dem Fall eingesetzt werden, wenn der Computer gesperrt, heruntergefahren oder in den Energiesparmodus versetzt wird. Wird eine solche Aktion ausgeführt, so wird die Nachricht: „Bitte vergessen Sie nicht das Licht auszuschalten, wenn Sie gehen." angezeigt, welche mit dem Klick auf „Okay" oder dem Tastendruck „Enter" bestätigt wird. Durch diese Nachricht wird erneut die soziale und ökologische Tendenz des Mitarbeiters nach Sunstein (2011) angesprochen, wobei er selbst über den Ausgang seiner Entscheidung bestimmt. Ziel ist es hierbei, das instinktive System 1 vom normalen Verlassen des Arbeitsplatzes abzulenken und durch System 2 das Ausschalten der Beleuchtung zu erreichen. So kann bestenfalls nachhaltig das Lichtausschalten als Ablauf durch System 1 adaptiert werden, wodurch diese Handlung für Mitarbeiter zur Selbstverständlichkeit wird. Ein Framing für diesen Nudge könnte wie folgt aussehen und optional mit Lösungsansatz 1 kombiniert eingesetzt werden:

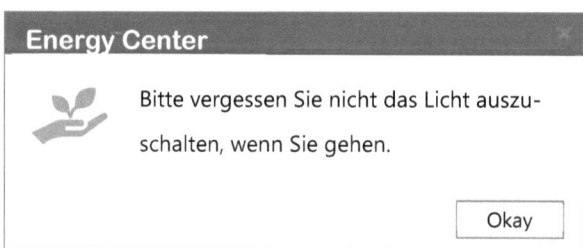

Abbildung 5, Lösungsansatz 4, eigene Darstellung

4.3 Umsetzungsmöglichkeiten und Projektdesign

Es wird als Hypothese angenommen, dass der Einsatz der vorherig beschriebenen Lösungsansätze den Stromverbrauch in Unternehmen nachhaltig senken kann, indem durch Pop-Up-Fenster eine zielführende Entscheidung beim Mitarbeiter erreicht wird.

Um die beschriebenen Ansätze erfolgreich anwenden zu können und die getroffene Hypothese zu bestätigen, sind einige Überlegungen notwendig. Um die Ergebnisse adäquat auswerten zu können, sollte ein Programm zur Echtzeitanalyse des Stromverbrauchs verwendet werden. In einer Testumgebung, in der die Ansätze experimentell eingesetzt werden, sollten zwischen 300 und 400 Mitarbeiter beteiligt sein, um möglichst alle Parameter wie Schichtarbeit, variable Pausenzeiten oder Abwesenheiten vom Arbeitsplatz abzudecken.

Um eine valide Vergleichsgrundlage zu schaffen, sollten vor dem Einsatz der Nudges Grunddaten gesammelt werden. Hierfür bietet sich ein Zeitraum von 8 Wochen an, in dem der IST-Stromverbrauch gemessen wird. Es kann davon ausgegangen werden, dass innerhalb dieser Zeit ein treffender durchschnittlicher Stromverbrauch pro Mitarbeiter bestimmt werden kann.

Als Testzeitraum sollten 40 Arbeitstage angestrebt werden, um ein aussagendes Ergebnis zu erreichen und um Extremwerte auszugleichen. In dieser Zeit werden die Testpersonen in zwei Gruppen aufgeteilt, wobei bei der einen Gruppe die Digital Nudges eingesetzt werden und bei der anderen nicht. So können gleiche Außenbedingungen gewährleistet und somit die Endergebnisse vergleichbar gemacht werden.

Während der Testphase sollten die beiden Gruppen getrennt voneinander arbeiten. Nur so kann ein qualitatives Ergebnis erreicht werden. Gemessen wird mittels eines Programms, welches in Echtzeit den Stromverbrauch des Computers misst, um Lösungsansatz 1 und 2 auszuwerten. Zusätzlich sollte ein Programm den Stromverbrauch für Beleuchtung messen, um Lösungsansatz 4 auszuwerten. Beide Programme können mittels einer zentralen Datenbank ausgewertet werden und die Grundlage für das Feedback aus Lösungsansatz 3 bilden. Sollte während der Testphase ein Rückgang des Stromverbrauchs in der Testgruppe ohne den Einsatz von Digital Nudges erkennbar sein, so kann davon ausgegangen werden, dass andere Einflüsse auf die Testpersonen eingewirkt haben. Dies sollte ausgewertet und nachfolgend ebenfalls untersucht werden. Nach Ablauf der Testphase können die Daten der beiden Gruppen ausgewertet und miteinander verglichen werden. Bestätigt sich die Hypothese, so kann anschließend an der Weiterentwicklung der Nudges gearbeitet werden, um maximalen Erfolg zu garantieren.

5. Diskussion

Im Folgenden soll über die Anwendbarkeit, Durchführung und Folgen der beschriebenen Lösungsansätze diskutiert werden.

Jeder positiven Entwicklung entgegnen auch einige mögliche Negativaspekte. So stellt sich bei den beschriebenen Lösungsansätzen zum einen die Frage nach der Praktikabilität. Für die Messung und Auswertung werden Programme benötigt, welche zuerst entwickelt werden müssen. Zusätzlich müssten diese über gewisse Parameter anpassbar sein, sodass bspw. das Feedback aus Lösungsansatz 3 auf den Stromverbrauch des betreffenden Unternehmens zugeschnitten werden kann. Neben dem Aufwand, solch ein Programm zu entwickeln, stände ebenfalls der Aufwand des Installierens und der Mitarbeiterschulung für den reibungslosen Umgang. Ersteres sollte nicht schwierig umzusetzen sein, da die meisten Unternehmen über zentrale Serverupdates auch die anhängenden Computer aktualisieren. In solch ein Systemupdate könnten dementsprechend unkompliziert die passenden Lösungsansätze implementiert werden und wären somit auch schnell einsetzbar. Die zweite Frage der Mitarbeiterschulung gestaltet sich hierbei schwieriger. Durch Schichtsysteme, Urlaubs-, Krank- und Fehlzeiten wird eine zentrale weitgreifende Schulung in den meisten Unternehmen anspruchsvoll anzusetzen. Denkbar wäre dies in kleineren Gruppen durch die EDV-Berater der Unternehmen selbst schulen zu lassen. Da diese in vielen Unternehmen bereits vorhanden und auf die Schulung mit Technik und deren Umgang spezialisiert sind, sollte auch dies wenig Probleme bereiten.

Ein weiterer Punkt ist der Datenschutzaspekt. Zurzeit gibt es im Bereich des Stromverbrauches keine Regulierung zur Verarbeitung und Umgang mit diesen Daten. Um Feedback an den Mitarbeiter und auch an Vorgesetzte sowie anderweitige Verantwortliche zu geben ist eine Sammlung, Speicherung und Verarbeitung dieser Daten zwingend notwendig. Im Zuge dessen sollten aufkommende Regulierungen zum Umgang mit solchen Firmendaten daher unbedingt beachtet werden, auch wenn sie nicht notwendigerweise sensible und personenbezogene Informationen enthalten. Eine mögliche Prävention wäre, die Daten nur lokal durch die Programme sammeln, speichern und verarbeiten zu lassen und somit die Gefahr des Missbrauchs oder des Diebstahls zu umgehen.

Ein weiterer wichtiger Punkt sind die Mitarbeiter selbst. Es liegt in der Natur des Menschen alternative Wege zu finden. Fühlt sich eine Person durch Restriktionen eingeschränkt, so versucht es diese zu umgehen oder zu vermeiden. Auch wenn das Digital Nudging keineswegs eine direkte Restriktion darstellen soll, so kann dies durch den Einzelnen so aufgefasst werden. Die einsetzenden sowie entwickelnden Parteien sollten sich im Klaren sein, dass in solch einem Fall der Mitarbeiter versucht die Digital Nudges zu umgehen oder zu manipulieren, indem er beispielsweise andere Wege findet, den Computer zu sperren oder das Feedback zu verändern. Solch ein Verhalten ist in der Praxis oft schwer nachweisbar, da der Manipulierende dies nicht offen zugeben wird. Zur Vorbeugung ist es deshalb wichtig sich während des Einsatzes der Nudges regelmäßiges Feedback der Mitarbeiter über Praktikabilität, mögliche Fehler und Nutzen einzuholen um dementsprechend reagieren zu können.

Auch eine stichprobenartige Überwachung durch einen EDV-Berater oder sonstigen damit beauftragten Mitarbeiter ist denkbar, welcher testweise prüft, ob Mitarbeiter die Maßnahmen nutzen bzw. sich zu Herzen nehmen. In diesem Zug sollte der Nutzen genauer betrachtet werden. Dies bezieht sich nicht auf die Senkung des Stromverbrauchs, sondern auf die Arbeitseffizienz des Mitarbeiters. Wird dieser durch den Einsatz der Nudges in seiner Arbeit behindert oder verzögern sich gewisse Arbeitsabläufe, so sollte dies schnellstmöglich kommuniziert werden, um sowohl ökonomische als auch soziale Diskrepanzen zu vermeiden. Andernfalls wird ein Teufelskreislauf ausgelöst, da infolge der sinkenden Effizienz der Mitarbeiter der Druck durch Vorgesetzte steigt, wodurch die Mitarbeiter sich eingeschränkt fühlen und versuchen, bereits beschriebene Alternativwege zu finden, um ihre Effizienz wieder zu steigern. Diese Effizienz sollte primär durch die entsprechenden Führungspersönlichkeiten kontrolliert werden, da diese meist bereits durch ihre Tätigkeit als solche die Leistung der Mitarbeiter beobachten. Fällt eine sinkende Effizienz auf, so sollte die Führungskraft mit dem Mitarbeiter offen kommunizieren, woran dies liegt und keinerlei Druck ausüben. Nur so kann die tatsächliche Schwachstelle schnellstmöglich gefunden werden.

Bei der Auswertung sollte nicht nur an die positiven Konsequenzen der Nudges gedacht werden. In der Studie von Schultz et. al. (2007) wurde herausgefunden, dass ein negatives Feedback zwar zur Verbesserung des Konsumverhaltens führt, Gleiches jedoch auch in negativer Korrelation feststellbar ist. Erhält die Person ein positives Feedback zum Stromverbrauch, so kann dies dazu führen, dass in der vermeintlichen Sicherheit des positiven Konsumverhaltens der Stromverbrauch folgend ansteigt. Diese Folge sollte bei einem Einsatz von Feedback beachtet und stetig kontrolliert werden (Schultz et. al., 2007).

Der letzte aufzuführende Punkt ist ethischer Natur. Auch wenn Nudges bereits seit einiger Zeit erforscht, entwickelt und bereits mehr oder minder erfolgreich eingesetzt werden, so sind sich viele noch nicht einig, wie diese Beeinflussung einzuordnen ist. Wo viele, unter anderem auch der Urvater Sunstein, sich positiv zum Einsatz von Nudges äußern und vor allem die eigenständige Entscheidungsfreiheit anführen, so gibt es auch Gegner, die die Einschränkung von Möglichkeiten als direkte Manipulation sehen und vor dem Einsatz warnen. Nichtsdestotrotz sind die positiven Ergebnisse bei professioneller Entwicklung und kontrolliertem Einsatz nicht von der Hand zu weisen. Dennoch muss sich jeder bewusst sein, dass im Umgang mit Nudges der Einzelne im gewissen Maße beeinflusst wird und die Frage, ob dies gerechtfertigt ist oder nicht eine Frage des Individuums selbst ist. Unternehmen, welche sich digitaler Nudges bedienen wollen, sollten in jedem Fall eine plausible und mitarbeiterfreundliche Erklärung für dessen Einsatz aufweisen können, auch wenn dies aus ökonomischen Gesichtspunkten absolut logisch erscheint.

6. Fazit

Der Bereich Nudging, explizit das digitale Nudging, ist zweifelsohne ein anspruchsvolles Themenfeld. Auch wenn bereits seit einiger Zeit an dem Einsatz und den Wirkungen von Nudges geforscht wird, so sind viele Anwendungsgebiete bisher noch unbelichtet geblieben. Es wurde deutlich, dass Nudges bereits in bestimmten Ländern von der Regierung oder staatlichen Institutionen eingesetzt werden, jedoch wurde der Stromverbrauch als Anwendungsgebiet hierbei bisher nur auf private Haushalte bezogen und weniger auf Unternehmen. Dies liegt vor allem an den komplexen Strukturen und Vorüberlegungen, die ein Nudge in seinem Einsatz bedarf. In jene Lücke setzt diese Arbeit ein. Den wichtigsten Knotenpunkt bildet hierbei der Mensch selbst, der durch eine Vielzahl von Tendenzen sowie durch intrinsische und extrinsische Einflussfaktoren in seiner Entscheidungsfindung beeinflusst werden kann. Es zeigte sich, dass es von Vorteil sein kann, sein instinktives und schnell denkendes System 1 gegen ein bedachteres System 2 einzutauschen und somit tiefgründigere Entscheidungen hervorzurufen. Dies kann auch durch den Einsatz von digitalen Nudges erreicht werden und erzielen, dass Mitarbeiter aktiver über ihren Konsum, speziell den Stromverbrauch, nachdenken. In Unternehmen wurde eine solche Umsetzung anhand von mehreren Framings beispielhaft gezeigt. Dass sich der Stromverbrauch durch den Einsatz dieser Maßnahmen senkt, ist anzunehmen, kann zum jetzigen Zeitpunkt jedoch noch nicht zweifelsfrei belegt werden. Hier bedarf es weiterer Untersuchungen, die neben theoretischer vor allem auch praktischer Natur sein sollten, um den tatsächlichen Einfluss auf den Mitarbeiter zu messen. Hierbei gibt es viele Faktoren wie Manipulationen, die Nachhaltigkeit der Methoden und auch rechtliche Restriktionen, welche für zukünftige Arbeiten beachtet werden sollten. Die Einwirkung weiterer, nicht genannter, Faktoren ist ebenfalls ein wichtiger Punkt, da der Mensch in seinem Handeln nahezu unberechenbar ist. Dass der Stromverbrauch in einem Unternehmen gesenkt werden kann, ist bspw. durch den Einsatz von LEDs gezeigt. Nun liegt es jedoch an jedem Mitarbeiter selbst, auch sein Verhalten anzupassen, um den ökologischen Fußabdruck so grün wie möglich zu gestalten. Dies ist für den Einzelnen nicht nur im Arbeitsalltag von Vorteil, sondern bei Übertragung auch für den privaten Bereich und kann somit einen enormen Einfluss darauf haben, wie wir heute leben und die Zukunft gestalten. Nudges werden in Zukunft einen immer größeren Einfluss darauf haben, wie der Mensch sich verhält und können somit dazu beitragen, eben jene Zukunftsgestaltung positiv zu verändern. Es bleibt zu hoffen, dass sich der Stromverbrauch als Teil dieser Gestaltung in Zukunft ändern wird und dies nicht nur im privaten Bereich, sondern ebenfalls im Berufsleben.

Literaturverzeichnis

Ambrin Javed, M. A. (2017). *Energy Consumption in Mobile Phones.* o.O.: I.J.Computer Network and Information Security.

Andreas Kamilaris, J. N. (2015). *A case study on the individual energy use of personal computers in an office setting and assessment of various feedback types toward energy savings.* Singapur: Science Direct.

Caroline Leygue, E. F. (2017). *Saving energy in the workplace: Why, and for whom?* United Kingdom: Journal of Environmental Psychology.

dena. (2012). Führen Sie aktuell Energieeffizienzmaßnahmen in Ihrem Unternehmen durch?. Statista. Statista GmbH. https://de.statista.com/statistik/daten/studie/219585/umfrage/massnahmen-zur-energieeffizienz-in-deutschen-unternehmen/. Zugriff: 08.07.2019 11:23.

Diekmann, J. (1997). *Energiepreise als Standortfaktor für die deutsche Wirtschaft.* Berlin: Deutsches Institut für Wirtschaftsforschung.

DIHK. (2012). *Energiewende-Barometer 2012.* Berlin: DIHK.

Dunlap, J. B. (2016). *What sunshine is to flowers: A literature review on the use of emoticons to support online learning.* London: Elsevier Inc.

Ebner-Eschenbach, M. v. (1905). *Gesammelte Schriften: Aphorismen, Parabeln, Märchen und Gedichte.* o.O.: Paetel.

Energie-Abnehmer, B. d. (2019). *Strompreisanalyse Januar 2019.* Berlin: BDEW.

Fraunhofer Institute for Systems and Innovation Research ISI. (2019). *Study on Energy Savings Scenarios 2050.* Karlsruhe: Fraunhofer Institute for Systems and Innovation Research ISI.

Fraunhofer-Institut für System- und Innovationsforschung (ISI). (2015). *Energieverbrauch des Sektors Gewerbe, Handel, Dienstleistungen (GHD) in Deutschland für die Jahre 2011 bis 2013.* Karlsruhe, München, Nürnberg: Bundesministerium für Wirtschaft und Energie.

Goel, R. (08. 02 2019). *Happy-or-Not.* Von https://www.happy-or-not.com/de/2018/11/wie-man-es-kunden-leicht-macht-feedback-zu-geben/; abgerufen am 02.08.2019 16:18

Kahneman, D. (2011). *Thinking, Fast and Slow.* New York: Farrar, Straus and Giroux.

Kaoru Kawamoto, Y. S. (2004). *Energy saving potential of office equipment power management.* Japan: Science Direct.

Limited, I. C. (2015). *STUDY ON ENERGY EFFICIENCY AND ENERGY SAVING POTENTIAL IN INDUSTRY AND ON POSSIBLE POLICY MECHANISMS.* London: ICF Consulting Limited.

Loughborough University Institutional Repository. (2011). *Analysis of electricity consumption for lighting and small power in office buildings.* England: CIBSE.

Luewarasirikul, N. (2015). *A Study of Electrical Energy Saving in Office.* Greece: ScienceDirect.

Markus Weinmann, C. S. (2015). *Digital Nudging.* Online: Springerlink.com, abgerufen am 15.07.2019 09:12

Marti Hope Gonzales, E. A. (1988). Using Social Cognition and Persuasion to Promote Energy Conservation: A Quasi-Experiment. o.O.:*Journal of Applied Social Psychology.*

Ministery of the Environment and Water Resources (MEWR). (2013). *Household Energy Efficiency Study.* o.O.: MEWR.

Owain Service, M. H. (2014). *EAST - Four simple ways to apply behavioural insights.* o.O.: The Behavioural Insights Team.

Paul Dolan, M. H. (2010). *MINDSPACE - Influencing behaviour through public policy.* London: Institute for Government.

Pusch, K. (2011). *Libertärer Paternalismus - Eine Einführung.* Karlsruhe: GRIN Verlag.

Sam C. Staddon, C. C. (2015). *Intervening to change behaviour and save energy in the workplace: A systematic review of available evidence.* o.O.: Science Direct.

Schultz, P. W. (2007). *The Constructive, Destructive,and Reconstructive Power of Social Norms.* USA: Psychological Science.

Scott Pigg, M. E. (1996). *Behavioral Aspects of Lighting and Occupancy Sensors in Private Offices: A Case Study of a University Office Building.* o.O.: ACEEE.

Sunstein, C. R. (2014). *Nudging: A Very Short Guide.* New York: Springer Science+Business Media.

Sunstein, C. R. (2011). *Empirically Informed Regulation.* Chicago: The University of Chicago Law Review.

Thaler, R. H. (2008). *NUDGE, Improving Decisions AboutHealth, Wealth,and Happiness.* Michigan: The Composing Roomof Michigan, Inc.

U.S. Energy Information Administration. (Mai 2016). *Commercial Buildings Energy Consumption Survey.* Von Use of Energy in the United States Explained:

https://www.eia.gov/energyexplained/index.php?page=us_energy_commercial#tab
2; Zugriff am 27.07.2019 19:10

U.S. Energy Information Administration. (Mai 2016). *U.S. Energy Information Administration*. Von Use of Energy in the United States Explained: https://www.eia.gov/energyexplained/index.php?page=us_energy_use; Zugriff am 27.07.2019 19:26

U.S. Energy Information Administration. (2018). *Elecricity Explained - Use of Electricity*. o.O.: EIA.

Umweltbundesamt. (14. 07.2019). *Umweltbundesamt*. Von https://www.umweltbundesamt.de/daten/energie/stromverbrauch abgerufen 14.07.2019 11:06

Umweltbundesamt. (14. 07.2019). *Umweltbundesamt*. Von https://www.umweltbundesamt.de/daten/klima/treibhausgas-emissionen-in-deutschland/kohlendioxid-emissionen#textpart-1 abgerufen 14.07.2019 10:59

Umweltbundesamt. (14. 07.2019). *Umweltbundesamt*. Von https://www.umweltbundesamt.de/daten/energie/primaerenergiegewinnung-importe abgerufen 14.07.2019 11:13

Wokje Abrahamse, L. S. (2005). *A review of intervention studies aimed at household energy conservation*. Niederlande: Journal of Environmental Psychology .

BEI GRIN MACHT SICH IHR WISSEN BEZAHLT

- Wir veröffentlichen Ihre Hausarbeit,
  Bachelor- und Masterarbeit

- Ihr eigenes eBook und Buch -
  weltweit in allen wichtigen Shops

- Verdienen Sie an jedem Verkauf

Jetzt bei www.GRIN.com hochladen und kostenlos publizieren